동주, 소월,
용운, 영랑의 글

베스트셀러 × 세계 100대 명화

동주, 소월, 용운, 영랑의 글

MUSE

윤동주 — 반 고흐

1. 서시 — 론강의 별이 빛나는 밤에 • 014
2. 눈 — 해질녘의 눈 덮인 들판을 파고 있는 두 농부 여인 • 016
3. 자화상 — 귀가 잘린 자화상 • 018
4. 참회록 — 밤의 프로방스 시골길 • 020
5. 새벽이 올 때까지 — 아를의 반 고흐의 방 • 022
6. 봄 — 봄날의 끌리쉬 다리와 세느 강둑 • 024
7. 쉽게 쓰여진 시 — 까마귀가 있는 밀밭 • 026
8. 편지 — 소설 읽는 여인 • 028
9. 별 헤는 밤 — 별이 빛나는 밤 • 030
10. 돌아와 보는 밤 — 사이프러스 나무 • 034
11. 새로운 길 — 오베르의 거리 • 036
12. 태초의 아침 — 삼나무가 있는 밀밭 • 038
13. 무서운 시간 — 무덤에서 일어나는 나자로 • 040
14. 길 — 랑글루아 다리 • 042
15. 눈 감고 간다 — 노란 집 • 044
16. 바람이 불어 — 폭풍이 몰려오는 하늘 아래 풍경 • 046
17. 내일은 없다 — 아를르의 포룸 광장의 테라스 • 048
18. 코스모스 — 오베르쉬르 우아즈 정원 안의 가셰 양 • 050
19. 거리에서 — 지느러미 모양의 풍차 날개 • 052
20. 이별 — 아니에르의 센 강을 가로지르는 다리 • 054
21. 종달새 — 종달새가 있는 밀밭 • 056

22. 꿈은 깨어지고 — 다리 근처에서 센 강을 건너는 두 척의 배 · 058

23. 삶과 죽음 — 초원 꽃과 장미 · 060

24. 십자가 — 오베르-쉬르-우아즈의 교회 · 062

25. 조개껍질 — 생트 마리 해변의 고깃배 · 064

26. 창 구멍 — 폭풍이 몰아치려는 듯한 해질녘의 농가와 사이프러스 · 066

27. 공상 — 아를의 여인 · 068

28. 기왓장 내외 — 오베르의 집 · 070

29. 햇비 — 아를의 붉은 포도밭 · 072

30. 비행기 — 몽마르트 언덕의 풍차 · 074

31. 둘 다 — 프로방스의 농가 · 076

32. 달 밤 — 초승달 아래 올리브 나무들 사이를 거니는 한 쌍의 커플이 있는 산 풍경 · 078

33. 반딧불 — 풀숲 · 080

34. 풍경 — 초록빛 포도밭 · 082

35. 아우의 인상화 — 첫걸음(밀레 모작) · 084

36. 햇빛 바람 — 성벽 근처의 산책하는 사람들과 철도 마차 · 086

37. 해바라기 얼굴 — 해바라기 · 088

38. 애기의 새벽 — 꽃피는 아몬드나무 · 090

39. 간 — 담으로 둘러싸인 밀밭과 낟가리 위로 달이 뜨는 풍경 · 092

김소월 — 클로드 모네

1. 첫사랑 — 인상(해돋이) · 096
2. 진달래 꽃 — 아르장퇴유의 양귀비 밭 · 098
3. 먼 후일 — 아르장퇴유의 연못 · 100
4. 엄마야 누나야 — 수련 · 102
5. 바람과 봄 — 봄 · 104
6. 눈 — 아르장퇴유의 설경 · 106
7. 산유화 — 네덜란드의 튤립 · 108
8. 바다 — 에트르타, 해변의 배들 · 110
9. 해가 산마루에 저물어도 — 해가 지는 크뢰즈의 계곡 · 112
10. 님과 벗 — 아네모네가 있는 정물 · 114
11. 밤 — 꿩이 있는 정물 · 116
12. 꿈꾼 그 옛날 — 카미유, 녹색 옷을 입은 여인 · 118
13. 눈 오는 저녁 — 아르장퇴유의 눈 내린 풍경 · 120
14. 자주 구름 — 보르디게라 · 122
15. 부모 — 루이 조아킴 고디베르 부인 · 124
16. 붉은 조수 — 프루빌 절벽 위의 산책 · 126
17. 불운에 우는 그대여 — 페캉, 바닷가 · 128
18. 천리만리 — 생 라자르 역 · 130
19. 닭소리 — 임종을 맞은 카미유 · 132

20. 못 잊어 — 붉은 스카프의 카미유 모네 · *134*

21. 자나 깨나 앉으나 서나 — 생타드레스의 테라스 · *136*

22. 구름 — 센 베네쿠르 강변에서 · *138*

23. 가는 길 — 아르장퇴유 근처, 포플러 나무가 있는 풀밭 · *140*

24. 첫 치마 — 봄날, 독서하는 여인 · *142*

25. 개여울 — 트루빌 해변 · *144*

26. 금 잔디 — 몽소공원의 풍경 · *146*

27. 옷과 밥과 자유 — 석탄을 내리는 사람들 · *148*

28. 고적한 날 — 아르장퇴유의 다리 · *150*

29. 접동새 — 수련 · *152*

30. 반달 — 양산을 쓰고 왼쪽으로 몸을 돌린 여인 · *154*

31. 그를 꿈꾼 밤 — 보르디게라의 빌라들 · *156*

32. 님의 말씀 — 아르장퇴유 · *158*

33. 님에게 — 빌 다브레 정원에 있는 여인들 · *160*

34. 꽃촉불 켜는 밤 — 아틀리에 한 구석 · *162*

35. 부귀공명 — 자화상 · *164*

36. 사노라면 사람은 죽는 것을 — 들판의 기차 · *166*

37. 나는 세상모르고 살았노라 — 지베르니의 건초더미 · *168*

한용운 — 오귀스트 르누아르

1. 여름밤이 길어요 — 바느질하는 젊은 여인 · *172*
2. 꽃이 먼저 알아 — 꽃이 있는 정물 · *174*
3. 사랑 — 초원에서 · *176*
4. 하나가 되어 주셔요 — 바다 경치 · *178*
5. 사랑의 존재 — 산책 · *180*
6. 사랑하는 까닭 — 진 사마리의 초상 · *182*
7. 고적한 밤 — 국화 · *184*
8. 자유정조 — 숲 속 · *186*
9. 꿈과 근심 — 줄리마네의 초상 · *188*
10. 떠날 때의 님의 얼굴 — 여름 · *190*
11. 복종 — 자신감 · *192*
12. 버리지 아니하면 — 호박이 있는 정물 · *194*
13. 나룻배와 행인 — 차투의 노 젓는 사람 · *196*
14. '사랑'을 사랑하여요 — 검은색 모자를 쓴 어린 소녀 · *198*
15. 차라리 — 오달리스크 · *200*
16. 님의 침묵 — 피아노 치는 여자 · *202*
17. 산촌의 여름 저녁 — 오리 연못 · *204*
18. 생의 예술 — 물 뿌리개를 든 소녀 · *206*
19. 독자에게 — 꽃 · *208*

20. 진주 — 낚시꾼 · 210

21. 인 연 설 — 물가 · 212

22. 당신은 — 가브리엘과 장 · 214

23. 길이 막혀 — 키 큰 잔디 속의 길 · 216

24. 나의 꿈 — 우산 · 218

25. 알 수 없어요 — 의자 나무 · 220

26. 달을 보며 — 편지를 들고 있는 여인 · 222

27. 당신이 아니더면 — 두 자매 · 224

28. 나는 잊고자 — 라 그르누예르 · 226

29. 이별은 미의 창조 — 두 소녀 · 228

30. 선사의 설법 — 부지발의 무도회 · 230

31. 비바람 — 베니스 산 마르코 광장 · 232

김영랑 —— 에드가 드가

1. 모란이 피기까지는 — 자화상 · 236
2. 그 밖에 더 아실 이 — 압생트 · 238
3. 미움이란 말 — 초록 옷을 입은 무용수들 · 240
4. 달 — 두 무용수 · 242
5. 바람 따라 가지오고 — 시골 경마장 · 244
6. 함박눈 — 따오기를 안은 아가씨 · 246
7. 내 옛날 온 꿈이 — 밀스의 초상화 · 248
8. 땅거미 — 스페인 출신 테너 로렌조 파간과 화가의 아버지 오귀스트 드가 · 250
9. 달맞이 — 분홍색과 초록색의 무용수들 · 252
10. 그대는 호령도 하실 만하다 — 벨렐리 가족 · 254
11. 황홀한 달빛 — 무대 위의 두 무용수 · 256
12. 강선대 돌바늘 끝에 — 페르난도 서커스의 미스 랄라 · 258
13. 낮의 소란 소리 — 발레 수업 · 260
14. 눈물에 실려 가면 — 꽃화분 옆에 앉아있는 여인 · 262
15. 뉘 눈결에 쏘이었소 — 대기 · 264
16. 마당 앞 맑은 새암을 — 회색의 여인 초상화 · 266
17. 제야 — 무대에서 발레 리허설 · 268
18. 한줌 흙 — 발레 연습 · 270

19. 북 — 파리 오페라의 오케스트라 · 272

20. 언 땅 한길 — 여성복 상점 · 274

21. 발짓 — 바에서 연습하는 무용수들 · 276

22. 돌담에 속삭이는 햇발 — 목욕통 · 278

23. 언덕에 바로 누워 — 머리 빗질 · 280

24. 끝없는 강물이 흐르네 — 오페라의 댄스홀 · 282

25. 물 보면 흐르고 — 목욕 후에 몸을 말리는 여인 · 284

26. 오월 — 무대 위 발레 리허설 · 286

27. 독을 차고 — 발레 무용수들 · 288

28. 물소리 — 카드를 쥐고 있는 카사트양의 초상 · 290

29. 내 마음 아실 이 — 뉴올리언스의 목화 거래소 · 292

30. 강물 — 무용 수업 · 294

31. 거문고 — 밀리너 가에 · 296

윤동주

"죽는 날까지 하늘을 우러러
한 점 부끄럼이 없기를,
잎새에 이는 바람에도 나는 괴로워했다."

반 고흐

"겨울은 봄을 기다리고,
　봄은 겨울을 향해 걷는다.
끝을 기억할 때 삶은 단단해지리라."

서시

윤동주

죽는 날까지 하늘을 우러러
한 점 부끄러움이 없기를
잎새에 이는 바람에도
나는 괴로워했다.
별을 노래하는 마음으로
모든 죽어 가는 것을 사랑해야지
그리고 나한테 주어진 길을
걸어가야겠다.

오늘 밤에도 별이 바람에 스치운다.

론강의 별이 빛나는 밤에 / 빈센트 반 고흐 / 1888.

| 눈 |

윤동주

지난 밤에
눈이 소오복이 왔네

지붕이랑
길이랑 밭이랑
추워한다고
덮어주는 이불인가봐

그러기에
추운 겨울에만 내리지

해질녘의 눈 덮인 들판을 파고 있는 두 농부 여인 / 빈센트 반 고흐 / 1890.

자화상

윤동주

산모퉁이를 돌아 논가 외딴 우물을 홀로 찾아가선
가만히 들여다 봅니다.

우물 속에는 달이 밝고 구름이 흐르고 하늘이 펼치고
파아란 바람이 불고 가을이 있습니다.

그리고 한 사나이가 있습니다.
어쩐지 그 사나이가 미워져 돌아갑니다.

돌아가다 생각하니 그 사나이가 가엾어집니다.
도로 가 들여다보니 사나이는 그대로 있습니다.

다시 그 사나이가 미워져 돌아갑니다.
돌아가다 생각하니 그 사나이가 그리워집니다.

우물 속에는 달이 밝고 구름이 흐르고 하늘이 펼치고
파아란 바람이 불고 가을이 있고
추억처럼 사나이가 있습니다.

귀가 잘린 자화상 / 빈센트 반 고흐 / 1889.

참회록

윤동주

파란 녹이 낀 구리거울 속에
내 얼굴이 남아 있는 것은
어느 왕조의 유물이기에
이다지도 욕될까.

나는 나의 참회의 글을 한 줄에 줄이자.
- 만 24년 1개월을
  무슨 기쁨을 바라 살아왔던가.

내일이나 모레나 그 어느 즐거운 날에
나는 또 한 줄의 참회록을 써야 한다.
- 그 때 그 젊은 나이에
  왜 그런 부끄런 고백을 했던가.

밤이면 밤마다 나의 거울을
손바닥으로 발바닥으로 닦아 보자

그러면 어느 운석 밑으로 홀로 걸어가는
슬픈 사람의 뒷모양이
거울 속에 나타나온다.

밤의 프로방스 시골길 / 빈센트 반 고흐 / 1890.

새벽이 올 때까지

윤동주

다들 죽어가는 사람들에게
검은 옷을 입히시오.

다들 살아가는 사람들에게
흰 옷을 입히시오.

그리고 한 침대에
가지런히 잠을 재우시오.

다들 울거들랑
젖을 먹이시오.

이제 새벽이 오면
나팔 소리 들려 올 겁니다.

아를의 반 고흐의 방 / 빈센트 반 고흐 / 1888.

봄

윤동주

우리 애기는
아래 발치에서 코올코올

고양이는 가마목에서 가릉가릉

애기 바람이
나뭇가지에서 소올소올

아저씨 해님이
하늘 한가운데서 째앵째앵.

봄날의 끌리쉬 다리와 세느 강둑 / 빈센트 반 고흐 / 1887.

쉽게 쓰여진 시

윤동주

창窓밖에 밤비가 속살거려
육첩방六疊房은 남의 나라,

시인詩人이란 슬픈 천명天命인 줄 알면서도
한 줄 시詩를 적어 볼까.

땀내와 사랑내 포근히 품긴
보내 주신 학비 봉투를 받아

대학大學노트를 끼고
늙은 교수敎授의 강의講義 들으러 간다.

생각해 보면 어린 때 동무를
하나, 둘, 죄다 잃어버리고

나는 무얼 바라
나는 다만, 홀로 침전沈澱하는 것일까?

인생人生은 살기 어렵다는데
시詩가 이렇게 쉽게 쓰여지는 것은
부끄러운 일이다.

육첩방六疊房은 남의 나라.
창窓밖에 밤비가 속살거리는데,

등불을 밝혀 어둠을 조금 내몰고,
시대時代처럼 올 아침을 기다리는 최후最後의 나.

나는 나에게 적은 손을 내밀어
눈물과 위안慰安으로 잡는 최초最初의 악수握手.

까마귀가 있는 밀밭 / 빈센트 반 고흐 / 1890.

편지

윤동주

그립다고 써보니 차라리 말을 말자
그냥 긴 세월이 지났노라고만 쓰자

긴긴 사연을 줄줄 이어

진정 못 잊는다고는 말을 말고
어쩌다 생각이 났었노라고만 쓰자

그립다고 써보니 차라리 말을 말자
그냥 긴 세월이 지났노라고만 쓰자

긴긴 잠 못 이루는 밤이면
행여 울었다는 말은 말고

가다가 그리울 때도 있었노라고만 쓰자

소설 읽는 여인 / 빈센트 반 고흐 / 1888.

별 헤는 밤

윤동주

계절이 지나가는 하늘에는
가을로 가득 차 있습니다.

나는 아무 걱정도 없이
가을 속의 별들을 다 헤일 듯합니다.

가슴속에 하나 둘 새겨지는 별을
이제 다 못 헤는 것은
쉬이 아침이 오는 까닭이요,
내일 밤이 남은 까닭이요,
아직 나의 청춘이 다하지 않은 까닭입니다.

별 하나에 추억과
별 하나에 사랑과
별 하나에 쓸쓸함과
별 하나에 동경과
별 하나에 시와
별 하나에 어머니, 어머니,

어머님, 나는 별 하나에 아름다운 말 한 마디씩
불러 봅니다.
소학교 때 책상을 같이 했던 아이들의 이름과,
패, 경, 옥
이런 이국 소녀들의 이름과 벌써 애기 어머니 된
계집애들의 이름과, 가난한 이웃 사람들의 이름과,
비둘기, 강아지, 토끼, 노새, 노루, 프랑시스 잠,
라이너 마리아 릴케

이런 시인의 이름을 불러 봅니다.

이들은 너무나 멀리 있습니다.
별이 아슬히 멀 듯이,

어머님,
그리고 당신은 멀리 북간도에 계십니다.

나는 무엇인지 그리워
이 많은 별빛이 내린 언덕 위에
내 이름자를 써 보고,
흙으로 덮어 버리었습니다.

딴은 밤을 새워 우는 벌레는
부끄러운 이름을 슬퍼하는 까닭입니다.

그러나 겨울이 지나고 나의 별에도 봄이 오면
무덤 위에 파란 잔디가 피어나듯이
내 이름자 묻힌 언덕 위에도
자랑처럼 풀이 무성할 겁니다.

별이 빛나는 밤 / 빈센트 반 고흐 / 1889.

돌아와 보는 밤

윤동주

세상으로부터 돌아오듯이
이제 내 좁은 방에 돌아와 불을 끄옵니다.

불을 켜 두는 것은 너무나 괴로운 일이옵니다.
그것은 낮의 연장延長이옵기에-

이제 창을 열어 공기를 바꾸어 들여야 할 텐데
밖을 가만히 내다보아야

방안과 같이 어두워 꼭 세상 같은데

비를 맞고 오던 길이 그대로 비속에 젖어 있사옵니다.

하루의 울분을 씻을 바 없어 가만히 눈을 감으면
마음속으로 흐르는 소리,
이제 사상이 능금처럼 저절로 익어 가옵니다.

사이프러스 나무 / 빈센트 반 고흐 / 1889.

새로운 길

윤동주

내를 건너서 숲으로
고개를 넘어서 마을로

어제도 가고 오늘도 갈
나의 길 새로운 길

민들레가 피고 까치가 날고
아가씨가 지나고 바람이 일고

나의 길은 언제나 새로운 길
오늘도……내일도……

내를 건너서 숲으로
고개를 넘어서 마을로

오베르의 거리 / 빈센트 반 고흐 / 1890.

태초의 아침

윤동주

봄날 아침도 아니고
여름, 가을, 겨울,
그런 날 아침도 아닌 아침에

빨-간 꽃이 피어났네,
햇빛이 푸른데,

그 전날 밤에
그 전날 밤에
모든 것이 마련되었네,

사랑은 뱀과 함께
독은 어린 꽃과 함께

삼나무가 있는 밀밭 / 빈센트 반 고흐 / 1889.

무서운 시간

윤동주

거 나를 부르는 것이 누구요

가랑잎 이파리 푸르러 나오는 그늘인데,
나 아직 여기 호흡이 남아있소.

한 번도 손들어 보지 못한 나를
손들어 표할 하늘도 없는 나를

어디에 내 한 몸 둘 하늘이 있어
나를 부르는 것이오.

일을 마치고 내 죽는 날 아침에는
서럽지도 않은 가랑잎이 떨어질 텐데……

나를 부르지도 마오.

무덤에서 일어나는 나자로 / 빈센트 반 고흐 / 1890.

길

윤동주

잃어버렸습니다.
무얼 어디다 잃었는지 몰라
두 손이 주머니를 더듬어
길에 나아갑니다.

돌과 돌과 돌이 끝없이 연달아
길은 돌담을 끼고 갑니다.

담은 쇠문을 굳게 닫아
길 위에 긴 그림자를 드리우고

길은 아침에서 저녁으로
저녁에서 아침으로 통했습니다.

돌담을 더듬어 눈물짓다
쳐다보면 하늘은 부끄럽게 푸릅니다.

풀 한 포기 없는 이 길을 걷는 것은
담 저쪽에 내가 남아 있는 까닭이고,

내가 사는 것은, 다만,
잃은 것을 찾는 까닭입니다.

랑글루아 다리 / 빈센트 반 고흐 / 1888.

눈 감고 간다

윤동주

태양을 사모하는 아이들아
별을 사랑하는 아이들아

밤이 어두웠는데
눈감고 가거라.

가진 바 씨앗을
뿌리면서 가거라.

발뿌리에 돌이 채이거든
감았던 눈을 부릅 뜨거라.

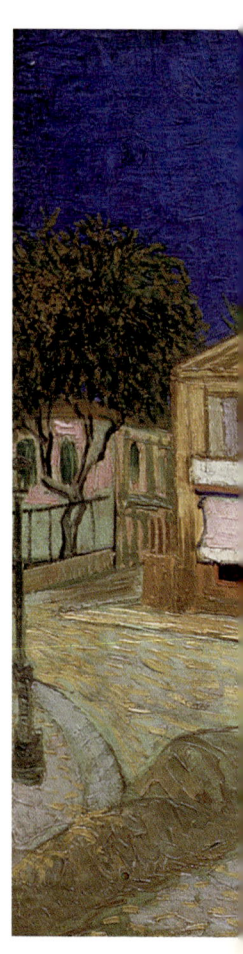

노란 집 / 빈센트 반 고흐 / 1888.

바람이 불어

윤동주

어디로부터 불어와
어디로 불려가는 것일까,

바람이 부는데
내 괴로움에는 이유가 없다.

내 괴로움에는 이유가 없을까,

단 한 여자를 사랑한 일도 없다.
시대를 슬퍼한 일도 없다.

바람이 자꾸 부는데
내 발이 반석 위에 섰다.

강물이 자꾸 흐르는데
내 발이 언덕 위에 섰다.

폭풍이 몰려오는 하늘 아래 풍경 / 빈센트 반 고흐 / 1888.

내일은 없다

윤동주

내일 내일 하기에
물었더니
밤을 자고 동틀 때
내일이라고

새날을 찾던 나는
잠을 자고 돌아보니
그때는 내일이 아니라
오늘이더라.

무리여! 동무여!
내일은 없나니
......

아를르의 포룸 광장의 테라스 / 빈센트 반 고흐 / 1888.

코스모스

윤동주

청초한 코스모스는
오직 하나인 나의 아가씨

달빛이 싸늘히 추운 밤이면
옛 소녀가 못 견디게 그리워
코스모스 핀 정원으로 찾아간다.

코스모스는
귀뚜라미 울음에도 수줍어지고

코스모스 앞에선 나는
어렸을 적처럼 부끄러워지나니

내 마음은 코스모스의 마음이요,
코스모스의 마음은 내 마음이다.

오베르쉬르 우아즈 정원 안의 가셰 양 / 빈센트 반 고흐 / 1890.

거리에서

윤동주

달밤의 거리
광풍이 휘날리는
북국의 거리.
도시의 진주
전등밑을 헤엄치는
쪼그만 인어 나.
달과 전등에 비쳐
한 몸에 둘셋의 그림자
커졌다 작아졌다.

괴로움의 거리
회색빛 밤거리를
걷고 있는 이 마음.
선풍이 일고 있네
외로우면서도
한 갈피 두 갈피
피어나는 마음의 그림자.
푸른 공상이
높아졌다 낮아졌다.

지느러미 모양의 풍차 날개 / 빈센트 반 고흐 / 1886.

이별

윤동주

눈이 오다, 물이 되는 날
잿빛 하늘에 또 뿌연 내, 그리고
크다란 기관차는 빼—액 울며,
쪼그만, 가슴은, 울렁거린다.

이별이 너무 재빠르다, 안타깝게도,
사랑하는 사람을,
일터에서 만나자 하고—
더운 손의 맛과 구슬 눈물이 마르기 전
기차는 꼬리를 산굽으로 돌렸다.

아니에르의 센 강을 가로지르는 다리 / 빈센트 반 고흐 / 1887.

종달새

윤동주

종달새는 이른 봄날
질디진 거리의 뒷골목이
싫더라.
명랑한 봄하늘
가벼운 두 나래를 펴서
요염한 봄노래가
좋더라.
그러나
오늘도 구멍뚫린 구두를 끌고
홀렁홀렁 뒷거리길로
고기새끼 같은 나는 헤매나니.
나래와 노래가 없음인가
가슴이 답답하구나.

종달새가 있는 밀밭 / 빈센트 반 고흐 / 1887.

꿈은 깨어지고

윤동주

꿈은 눈을 떴다.
그윽한 유무에서

노래하던 종달이
도망쳐 날아나고

지난날 봄타령하던
금잔디 밭은 아니다.

탑은 무너졌다.
붉은 마음의 탑이——

손톱으로 새긴 대리석 탑이——
하루 저녁 폭풍에 여지없이도

오—황폐의 쑥밭
눈물과 목메임이여!

꿈은 깨어졌다.
탑은 무너졌다.

다리 근처에서 센 강을 건너는 두 척의 배 / 빈센트 반 고흐 / 1887.

삶과 죽음

윤동주

삶은 오늘도 죽음의 서곡을 노래하였다.
이 노래가 언제나 끝나랴.

세상 사람은——
뼈를 녹여내는 듯한 삶의 노래에
춤을 춘다.
사람들은 해가 넘어가기 전
이 노래 끝의 공포를
생각할 사이가 없었다.

하늘 복판에 아로새기듯이
이 노래를 부른 자가 누구뇨.
그리고 소낙비 그친 뒤같이도
이 노래를 그친 자가 누구뇨.

죽고 뼈만 남은
죽음의 승리자 위인들!

초원 꽃과 장미 / 빈센트 반 고흐 / 1886.

십자가

윤동주

쫓아오던 햇빛인데
지금 교회당 꼭대기
십자가에 걸리었습니다.

첨탑이 저렇게도 높은데
어떻게 올라갈 수 있을까요.

종소리도 들려오지 않는데
휘파람이나 불며 서성거리다가

괴로웠던 사나이
행복한 예수
그리스도에게처럼
십자가가 허락된다면

모가지를 드리우고
꽃처럼 피어나는 피를

어두워 가는 하늘밑에
조용히 흘리겠습니다.

오베르-쉬르-우아즈의 교회 / 빈센트 반 고흐 / 1890.

조개껍질

윤동주

- 바닷물소리 듣고 싶어 -

아롱아롱 조개껍데기
울 언니 바닷가에서
주어온 조개껍데기

여긴여긴 북쪽나라요
조개는 귀여운 선물
장난감 조개껍데기

데굴데굴 굴리며놀다
짝 잃은 조개껍데기
한 짝을 그리워하네

아롱아롱 조개껍데기
나처럼 그리워하네
물소리 바닷물소리

생트 마리 해변의 고깃배 / 빈센트 반 고흐 / 19세기 후반경.

창 구멍

윤동주

바람 부는 새벽에 장터 가시는
우리 아빠 뒷자취 보고 싶어서
침을 발라 뚫어논 작은 창구멍
아롱 아롱 아침해 비치웁니다.

눈 나리는 저녁에 나무 팔러간
우리 아빠 오시나 기다리다가
혀 끝으로 뚫어논 작은 창구멍
살랑 살랑 찬바람 날아듭니다.

폭풍이 몰아치려는 듯한 해질녘의 농가와 사이프러스 / 빈센트 반 고흐 / 1890.

공상

윤동주

공상—
내 마음의 탑
나는 말없이 이 탑을 쌓고 있다.
명예와 허영의 천공에다
무너질 줄도 모르고
한 층 두 층 높이 쌓는다.

    무한한 나의 공상——
    그것은 내 마음의 바다
    나는 두 팔을 펼쳐서
    나의 바다에서
    자유로이 헤엄친다.
    황금 지욕의 수평선을 향하여.

아를의 여인 / 빈센트 반 고흐 / 1888.

기왓장 내외

윤동주

비오는날 저녁에 기왓장 내외
잃어버린 외아들 생각나선지
꼬부라진 잔등을 어루만지며
쭈룩쭈룩 구슬피 울음 웁니다.

대궐지붕 위에서 기왓장 내외
아름답던 옛날이 그리워선지
주름잡힌 얼굴을 어루만지며
물끄러미 하늘만 쳐다봅니다.

오베르의 집 / 빈센트 반 고흐 / 1890.

햇비

윤동주

아씨처럼 나린다
보슬보슬 햇비
맞아주자, 다같이
　옥수숫대처럼 크게
　닷 자 엿 자 자라게
　해님이 웃는다
　나보고 웃는다

하늘다리 놓였다.
알롱달롱 무지개
노래하자, 즐겁게
　동무들아 이리 오라
　다같이 춤을 추자
　햇님이 웃는다
　즐거워 웃는다

아를의 붉은 포도밭 / 빈센트 반 고흐 / 1888.

| 비행기 |

윤동주

머리의 프로펠러가
연자간 풍차보다
더― 빨리 돈다.

땅에서 오를 때보다
하늘에 높이 떠서는
빠르지 못하다
숨결이 찬 모양이야.

비행기는――
새처럼 날개를
펄럭거리지 못한다.
그리고, 늘――
소리를 지른다
숨이 찬가 봐.

몽마르트 언덕의 풍차 / 빈센트 반 고흐 / 1886년.

둘 다

윤동주

바다도 푸르고
하늘도 푸르고

바다도 끝없고
하늘도 끝없고

　　바다에 돌 던지고
　　하늘에 침 뱉고

　　바다는 벙글
　　하늘은 잠잠

프로방스의 농가 / 빈센트 반 고흐 / 1888.

달 밤

윤동주

흐르는 달의 흰 물결을 밀쳐
여윈 나무그림자를 밟으며,
북망산을 향한 발걸음은 무거웁고
고독을 반려한 마음은 슬프기도 하다.

누가 있어만 싶던 묘지엔 아무도 없고,
정적만이 군데군데 흰 물결에 폭 젖었다.

초승달 아래 올리브 나무들 사이를 거니는
한 쌍의 커플이 있는 산 풍경 / 빈센트 반 고흐 / 1890.

반딧불

윤동주

가자, 가자, 가자,
숲으로 가자.
달조각을 주으러
숲으로 가자.

   그믐밤 반딧불은
   부서진 달조각

   가자, 가자, 가자,
   숲으로 가자.
   달조각을 주으러
   숲으로 가자.

풀숲 / 빈센트 반 고흐 / 1887.

풍경

윤동주

봄바람을 등진 초록빛 바다
쏟아질 듯 쏟아질 듯 위태롭다.

잔주름 치마폭의 두둥실거리는 물결은
오스라질 듯 한껏 경쾌롭다.

마스트 끝에 붉은 깃발이
여인의 머리칼처럼 나부낀다.

이 생생한 풍경을 앞세우며 뒤세우며
온 하루 거닐고 싶다.

──우중충한 오월 하늘 아래로
──바다빛 포기포기에 수놓은 언덕으로

초록빛 포도밭 / 빈센트 반 고흐 / 1888.

아우의 인상화

윤동주

붉은 이마에 싸늘한 달이 서리어
아우의 얼굴은 슬픈 그림이다.

발걸음을 멈추어
살그머니 애띤 손을 잡으며
「너는 자라 무엇이 되려니」
「사람이 되지」
아우의 설은 진정코 설은 대답이다.

슬며―시 잡았던 손을 놓고
아우의 얼굴을 다시 들여다본다.

싸늘한 달이 붉은 이마에 젖어
아우의 얼굴은 슬픈 그림이다.

첫걸음(밀레 모작) / 빈센트 반 고흐 / 1890.

햇빛 바람

윤동주

손가락에 침 발러
쏘옥 쏙 쏙
장에 가는 엄마 내다보려
문풍지를
쏘옥 쏙 쏙

아침에 햇빛이 반짝

손가락에 침발러
쏘옥 쏙 쏙
장에 가신 엄마 돌아오나
문풍지를
쏘옥 쏙 쏙

저녁에 바람이 솔솔.

성벽 근처의 산책하는 사람들과 철도 마차 / 빈센트 반 고흐 / 1887.

해바라기 얼굴

윤동주

누나의 얼굴은
 해바라기 얼굴.
해가 금방 뜨자
 일터에 간다.

해바라기 얼굴은
 누나의 얼굴.
얼굴이 숙어들어
 집으로 온다.

해바라기 / 빈센트 반 고흐 / 1888.

애기의 새벽

윤동주

우리집에는
닭도 없단다.
다만
애기가 젖 달라 울어서
새벽이 된다.

    우리집에는
    시계도 없단다.
    다만
    애기가 젖 달라 보채어
    새벽이 된다.

꽃피는 아몬드나무 / 빈센트 반 고흐 / 1889.

간

윤동주

바닷가 햇빛 바른 바위 위에
습한 간을 펴서 말리우자.

코카서스 산중에서 도망해 온 토끼처럼
둘러리를 빙빙 돌며 간을 지키자.

내가 오래 기르던 여윈 독수리야!
와서 뜯어먹어라, 시름없이

너는 살찌고
나는 여위어야지, 그러나,

거북이야!
다시는 용궁의 유혹에 안 떨어진다.

프로메테우스 불쌍한 프로메테우스
불 도적한 죄로 목에 맷돌을 달고
끝없이 침전하는 프로메테우스.

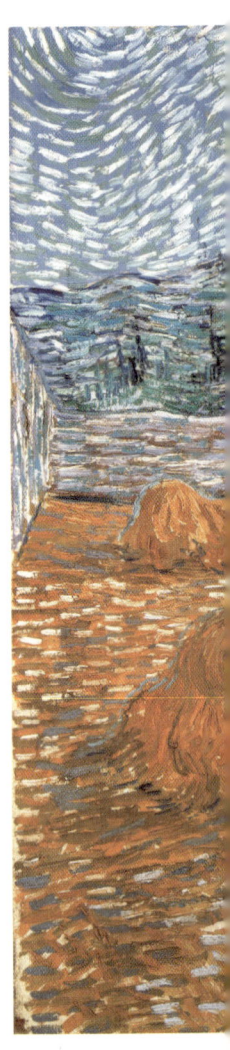

담으로 둘러싸인 밀밭과 낟가리 위로 달이 뜨는 풍경 / 빈센트 반 고흐 / 1889.

김소월

"내가 만약 달이 된다면
지금 그 사람의 창가에도
아마 몇 줄기는 내려지겠지"

클로드 모네

"나의 인생은 내가 하는 일, 즉 오로지 내 그림만을 생각하며 지나가고 있다."

첫사랑

김소월

아까부터 노을은 오고 있었다
내가 만약 달이 된다면
지금 그 사람의 창가에도
아마 몇 줄기는 내려지겠지

사랑하기 위하여
서로를 사랑하기 위하여
숲속의 외딴집 하나
거기 초록빛 위 구구구
비둘기 산다

이제 막 장미가 시들고
다시 무슨 꽃이 피려 한다

아까부터 노을은 오고 있었다
산 너머 갈매 하늘이
호수에 가득 담기고
아까부터 노을은 오고 있었다

인상(해돋이) / 클로드 모네 / 1872.

진달래 꽃

김소월

나 보기가 역겨워
가실 때에는
말없이 고이 보내 드리오리다

영변에 약산
진달래꽃
아름 따다 가실 길에 뿌리오리다

가시는 걸음 걸음
놓인 그 꽃을
사뿐히 즈려밟고 가시옵소서

나 보기가 역겨워
가실 때에는
죽어도 아니 눈물 흘리오리다

아르장퇴유의 양귀비 밭 / 클로드 모네 / 1873.

먼 후일

김소월

먼 훗날 당신이 찾으시면
그때에 내 말이 '잊어노라'

당신이 속으로 나무라면
'무척 그리다가 잊어노라'

그래도 당신이 나무라면
'믿기지 않아서 잊었노라'

오늘도 어제도 아니 잊고
먼 훗날 그때에 '잊었노라'

아르장퇴유의 연못 / 클로드 모네 / 1872.

엄마야 누나야

김소월

엄마야 누나야, 강변 살자
뜰에는 반짝이는 금모래 빛
뒷문 밖에는 갈잎의 노래
엄마야 누나야, 강변 살자

수련 / 클로드 모네 / 1904.

바람과 봄

김소월

봄에 부는 바람, 바람 부는 봄
작은 가지 흔들리는 부는 봄바람

내 가슴 흔들리는 바람, 부는 봄
봄이라 바람이라 이내 몸에는

꽃이라 술잔이라 하며 우노라

봄 / 클로드 모네 / 1882.

눈

김소월

새하얀 흰 눈,
가볍게 밟을 눈,
재 같아서 날릴 듯 꺼질듯한 눈,
바람에 흩어져도 불길에야
녹을 눈
계집의 마음
님의 마음

아르장퇴유의 설경 / 클로드 모네 / 1875.

산유화

김소월

산에는 꽃 피네
꽃이 피네
갈 봄 여름 없이
꽃이 피네

산에
산에
피는 꽃은
저만치 혼자서 피어 있네

산에서 우는 작은 새여
꽃이 좋아
산에서
사노라네

산에는 꽃 지네
꽃이 지네
갈 봄 여름없이
꽃이 지네

네덜란드의 튤립 / 클로드 모네 / 1872.

바다

김소월

뛰노는 흰 물결이 일고 또 잦는
붉은 풀이 자라는 바다는 어디

고기잡이꾼들이 배 위에 앉아
사랑 노래 부르는 바다는 어디

파랗게 종이 물든 남빛 하늘에
저녁 놀 스러지는 바다는 어디

곳 없이 떠다니는 늙은 물새가
떼를 지어 쫓니는 바다는 어디

건너서서 저편은 딴 나라이라
가고 싶은 그리운 바다는 어디

에트르타, 해변의 배들 / 클로드 모네 / 1883.

해가 산마루에 저물어도

김소월

해가 산마루에 저물어도
내게 두고는 당신 때문에 저뭅니다

해가 산마루에 올라와도
내게 두고는 당신 때문에 밝은 아침이라고 할 것입니다

내게 두고는 끝까지 모두다 당신 때문에 있습니다
다시는, 나의 이러한 맘뿐은 때가 되면

그림자같이 당신한테로 가겠습니다
오오, 나의 애인이었던 당신이여

해가 지는 크뢰즈의 계곡 / 클로드 모네 / 1889.

님과 벗

김소월

벗은 설움에서 반갑고
님은 사랑에서 좋아라
딸기꽃 피어서
향기로운 때를
고초의 붉은 열매
익어가는 밤을
그대여, 부르라, 나는 마시리

아네모네가 있는 정물 / 클로드 모네 / 1885.

밤

김소월

홀로 잠들기가 정말 외로와요
맘에는 사무치도록 그리워와요
이리도 무던히
아주 얼굴조차 잊힐 듯해요

벌써 해가 지고 어두운데
이곳은 인천에 제물포, 이름난 곳
부슬부슬 오는 비에 밤이 더디고
바닷바람이 춥기만 합니다

다만 고요히 누워 들으면
다만 고요히 누워 들으면
하-얗게 밀어드는 봄 밀물이
눈 앞을 가로막고 흐느낄 뿐이어요

꿩이 있는 정물 / 클로드 모네 / 1861.

꿈꾼 그 옛날

김소월

밖에는 눈, 눈이 와라,
고요히 창 아래로는 달빛이 들어라
어스름 타고서 오신 그 여자는
내 꿈의 품속으로 들어와 안겨라

나의 베개는 눈물로 흠뻑 젖었어라
그만 그 여자는 가고 말았느냐
다만 고요한 새벽, 별 그림자 하나가
창틈을 엿보아라

카미유, 녹색 옷을 입은 여인 / 클로드 모네 / 1866.

눈 오는 저녁

김소월

바람 자는 이 저녁
흰눈은 퍼붓는데
무엇하고 계시노
같은 저녁 금년은

꿈이라도 꾸면은!
잠들면 만날런가
잊었던 그 사람은
흰눈 타고 오시네

저녁때 흰눈은 퍼부어라.

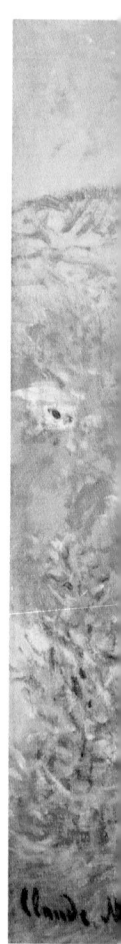

아르장퇴유의 눈 내린 풍경 / 클로드 모네 / 1875년 경.

자주 구름

김소월

물 고운 자줏빛 구름,
하늘은 개여 오네
밤중에 몰래 온 눈
솔숲에 꽃피었네

아침볕 빛나는데
알알이 뛰노는 눈

밤새에 지난 일은....
다 잊고 바라보네

움직거리는 자줏빛 구름

보르디게라 / 클로드 모네 / 1884.

> 부모

김소월

낙엽이 우수수 떨어질 때
겨울의 기나긴 밤,
어머님하고 둘이 앉아
옛이야기 들어라

나는 어쩌면 생겨나와
이 이야기 듣는가?
묻지도 말아라, 내일 날에
내가 부모 되어서 알아보랴?

루이 조아킴 고디베르 부인 / 클로드 모네 / 1868.

붉은 조수

김소월

바람에 밀려드는 저 붉은 조수
저 붉은 조수가 밀어들 때마다
나는 저 바람 위에 올라가서
푸릇한 구름의 옷을 입고
불같은 저 해를 품에 안고
저 붉은 조수와 나는 함께
뛰놀고 싶구나, 저 붉은 조수와

프루빌 절벽 위의 산책 / 클로드 모네 / 1882.

불운에 우는 그대여

김소월

불운에 우는 그대여, 나는 아노라
무엇이 그대의 불운을 지었는지도,
부는 바람에 날려,
밀물에 흘러,
굳어진 그대의 가슴 속도
모다 지나간 나의 일이면
다시금 또 다시금
적황의 포말은 북고하여라, 그대의 가슴속의
암청의 이끼여, 거칠은 바위
치는 물가의

페캉, 바닷가 / 클로드 모네 / 1881.

천리만리

김소월

말리지 못할만치 몸부림하며
마치 천리만리나 가고도 싶은
맘이라고나 하여 볼까

한줄기 쏜살같이 뻗은 이 길로
줄곧 치달아 올라가면
불붙는 산의, 불붙는 산의

연기는 한두 줄기 피어올라라

생 라자르 역 / 클로드 모네 / 1877.

닭소리

김소월

그대만 없게 되면
가슴 뛰노는 닭소리 늘 들어라

밤은 아주 새어올 때
잠은 아주 달아날 때

꿈은 이루기 어려워라

저리고 아픔이여
살기가 왜 이리 고달프냐

새벽 그림자 산란한 들풀 위를
혼자서 거닐어라

임종을 맞은 카미유 / 클로드 모네 / 1879.

못 잊어

김소월

못 잊어 생각이 나겠지요,
그런대로 한세상 지내시구려,
사노라면 잊힐 날 있으리다

못 잊어 생각이 나겠지요
그런대로 세월만 가라시구려,
못 잊어도 더러는 잊히오리다

그러나 또 한껏 이렇지요,
'그리워 살뜰히 못 잊는데,
어쩌면 생각이 떠나지나요?'

붉은 스카프의 카미유 모네 / 클로드 모네 / 1873.

자나 깨나 앉으나 서나

김소월

자나깨나 앉으나 서나
그림자 같은 벗 하나가 내게 있었습니다

그러나 우리는 얼마나 많은 세월을
쓸데없는 괴로움으로만 보내었겠습니까!

오늘은 또다시, 당신의 가슴속, 속 모를 곳을
울면서 나는 휘저어 버리고 떠납니다, 그려

허수한 맘, 둘 곳 없는 심사에 쓰라린 가슴은
그것이 사랑, 사랑이던 줄이 아니도 잊힙니다

생타드레스의 테라스 / 클로드 모네 / 1867.

구름

김소월

저기 저 구름을 잡아타면
붉게도 피로 물든 저 구름을.
밤이면 새까만 저 구름을.

잡아타고 내 몸은 저 멀리로
구만리 긴 하늘을 날아 건너
그대 잠든 품속에 안기렸더니,

애스러라, 그리는 못한대서,
그대여, 들으라 비가 되어
저 구름이 그대한테 내리거든,
생각하라, 밤저녁, 내 눈물을.

센 베네쿠르 강변에서 / 클로드 모네 / 1868.

가는 길

김소월

그립다
말을 할까
하니 그리워

그냥 갈까
그래도

다시 더 한 번

저 산에도 까마귀, 들에 까마귀
지저귑니다

앞강물 뒷강물
흐르는 물은

어서 따라오라고 따라가자고
흘러도 연달아 흡니다, 그려

아르장퇴유 근처, 포플러 나무가 있는 풀밭 / 클로드 모네 / 1875.

첫 치마

김소월

봄은 가나니 저문 날에,
꽃은 지나니 저문 봄에,

속없이 우나니 지는 꽃을,
속없이 느끼나니 가는 봄을.

꽃지고 잎진 가지를 잡고
미친 듯 우나니, 집난이는

해 다 지고 저문 봄에
허리에도 감은 첫 치마를
눈물로 함빡 쥐어짜며

속없이 우노라 지는 꽃을,
속없이 느끼노라 가는 봄을.

봄날, 독서하는 여인 / 클로드 모네 / 1872.

개여울

김소월

당신은 무슨 일로
그리 합니까?
홀로이 개여울에 주저앉아서

파릇한 풀포기가
돋아나오고
강물은 봄바람에 헤적일 때에

가도 아주 가지는
않노라시던
그러한 약속이 있었겠지요

날마다 개여울에
나와 앉아서
하염없이 무엇을 생각합니다

가도 아주 가지는

않노라심은

굳이 잊지 말라는 부탁인지요

트루빌 해변 / 클로드 모네 / 1870.

금잔디

김소월

잔디,
잔디,
금잔디,
심심산천에 붙는 불은
가신 임 무덤가에 금잔디
봄이 왔네, 봄이 왔네.
버드나무 끝에도 실가지에
봄빛이 왔네, 봄날이 왔네.
심심산천에도 금잔디에

몽소공원의 풍경 / 클로드 모네 / 1876.

옷과 밥과 자유

김소월

공중에 떠다니는
저기 저 새여
네 몸에는 털 있고 깃이 있지

밭에는 밭곡식
논에는 물벼
눌하게 익어서 수그러졌네

초산 지나 적유령
넘어선다
짐 실은 저 나귀는 너 왜 넘니?

석탄을 내리는 사람들 / 클로드 모네 / 1875.

고적한 날

김소월

당신의 편지를
받은 그 날로
서러운 풍설이 돌았습니다

물에 던져달라고 하신 그 뜻은
언제나 꿈꾸며 생각하라는
그 말씀인 줄 압니다

흘려 쓰신 글씨나마
언문 글자로
눈물이라고 적어 보내셨지요

물에 던져달라고 하신 그 뜻은
뜨거운 눈물 방울방울 흘리며,
마음 곱게 읽어달라는 말씀이지요

아르장퇴유의 다리 / 클로드 모네 / 1874.

접동새

김소월

접동
접동
아우래비 접동

진두강 가람가에 살던 누나는
진두강 앞 마을에
와서 웁니다

옛날, 우리나라
먼 뒤쪽의
진두강 가람가에 살던 누나는
의붓어미 시샘에 죽었습니다

누나라고 불러 보랴
오오 몹시도 서러워
시새움에 몸이 죽은 우리 누나는
죽어서 접동새가 되었습니다

아홉이나 남아 되는 오라비를
죽어서도 못잊어 차마 못 잊어
야삼경 남 다 자는 밤이 깊으면
이 산 저 산 옮아가며 슬피 웁니다.

수련 / 클로드 모네 / 1916~1919.

반달

김소월

희멀끔하여 떠돈다, 하늘 위에
빛 죽은 반달이 언제 올랐나!
바람은 나온다, 저녁은 춥고,
흰 물가엔 뚜렷이 해가 드누나

어둑컴컴한 풀 없는 들은
찬 안개 위로 떠 흐른다
아, 겨울은 깊었다, 내 몸에는,
가슴이 무너져 내려앉는 이 설움아!

가는 임은 가슴에 사랑까지 없애고 가고
젊음은 늙음으로 바뀌어든다
들가시나무의 밤 드는 검은 가지
잎새들만 저녁 빛에 희끄무레 꽃 지듯 한다

양산을 쓰고 왼쪽으로 몸을 돌린 여인 / 클로드 모네 / 1886.

그를 꿈꾼 밤

김소월

야밤중, 불빛이 발갛게
어렴풋이 보여라.

들리는 듯, 마는 듯,
발자국 소리.
스러져가는 발자국 소리.

아무리 혼자 누어 몸을 뒤재도
잃어버린 잠은 다시 안와라.

야밤중, 불빛이 밝하게
어렴풋이 보여라.

보르디게라의 빌라들 / 클로드 모네 / 1884년경.

님의 말씀

김소월

세월이 물과 같이 흐른 두 달은
길어둔 독엣물도 찌었지마는
가면서 함께 가자 하던 말씀은
살아서 살을 맞는 표적이외다

봄풀은 봄이 되면 돋아나지만
나무는 밑그루를 꺾은 셈이요
새라면 두 죽지가 상한 셈이라
내 몸에 꽃필 날은 다시 없구나

밤마다 닭 소리라 날이 첫시면
당신의 넋맞이로 나가볼 때요
그믐에 지는 달이 산에 걸리면
당신의 길신가리 차릴 때외다

세월은 물과 같이 흘러가지만
가면서 함께 가자 하던 말씀은

당신을 아주 잊던 말씀이지만
죽기 전 또 못 잊을 말씀이외다

아르장퇴유 / 클로드 모네 / 1872.

님에게

김소월

한때는 많은 날을 당신 생각에
밤까지 새운 일도 없지 않지만
아직도 때마다는 당신 생각에
추거운 베갯가의 꿈은 있지만

낯모를 딴 세상의 네길거리에
애달피 날 저무는 갓 스물이요
캄캄한 어두운 밤들에 헤매도
당신은 잊어버린 설움이외다

당신을 생각하면 지금이라도
비 오는 모래밭에 오는 눈물의
추거운 베갯가의 꿈은 있지만
당신은 잊어버린 설움이외다

빌 다브레 정원에 있는 여인들 / 클로드 모네 / 1867.

꽃촛불 켜는 밤

김소월

꽃촛불 켜는 밤, 깊은 골방에 만나라
아직 젊어 모를 몸, 그래도 그들은
해 달 같이 밝은 맘, 저저마다 있노라
그러나 사랑은 한두 번만 아니라, 그들은 모르고

꽃촛불 켜는 밤, 어스레한 창 아래 만나라
아직 앞길 모를 몸, 그래도 그들은
솔대 같이 굳은 맘, 저저마다 있노라
그러나 세상은, 눈물날 일 많아라, 그들은 모르고

아틀리에 한 구석 / 클로드 모네 / 1861.

부귀공명

김소월

거울 들어 마주 온 내 얼굴을
좀 더 미리부터 알았던들!
늙는 날 죽는 날을
사람은 다 모르고 사는 탓에,
오오 오직 이것이 참이라면,
그러나 내 세상이 어디인지?
지금부터 두여덟 좋은 연광年光
다시 와서 네게도 있을 말로
전보다 좀 더 전보다 좀 더
살음직이 살는지 모르련만
거울 들어 마주 온 내 얼굴을
좀 더 미리부터 알았던들!

자화상 / 클로드 모네 / 1917.

사노라면 사람은 죽는 것을

김소월

하루라도 몇 번씩 내 생각은
내가 무엇하려고 살려는지?
모르고 살았노라, 그런 말로
그러나 흐르는 저 냇물이
흘러가서 바다로 든댈진댄
일로조차 그러면, 이 내 몸은
애쓴다고는 말부터 잊으리라.
사노라면 사람은 죽는 것을

그러나, 다시 내 몸,
봄빛의 불붙는 사태흙에
집 짓는 저 개아미
나도 살려 하노라, 그와 같이
사는 날 그날까지
살음에 즐거워서,
사는 것이 사람의 본뜻이면
오오 그러면 내 몸에는

다시는 애쓸 일도 더 없어라
사노라면 사람은 죽는 것을.

들판의 기차 / 클로드 모네 / 19세기경.

나는 세상모르고 살았노라

김소월

'가고 오지 못한다' 하는 말을
철없던 내 귀로 들었노라
만수산을 나서서
옛날에 갈라선 그 내 님도
오늘날 뵈올 수 있었으면.

나는 세상 모르고 살았노라,
고락에 겨운 입술로는
같은 말도 조금 더 영리하게
말하게도 지금은 되었건만
오히려 세상 모르고 살았으면!

'돌아서면 무심타' 고 하는 말이
그 무슨 뜻인 줄을 알았스랴.
제석산 붙는 불은 옛날에 갈라선 그 내 님의
무덤에 풀이라도 태웠으면!

지베르니의 건초더미 / 클로드 모네 / 1886.

한용은

"함께 영원히 있을 수 없음을 슬퍼 말고
잠시라도 같이 있음을 기뻐하고
더 좋아해 주지 않음을 노여워 말고
이만큼 좋아해 주는 것에 만족하고.."

오귀스트 르누아르

"고통은 지나가지만
아름다움은 계속된다."

여름밤이 길어요

한용운

당신이 계실 때에는 겨울밤이 짧더니 당신이 가신 뒤에는 여름밤이 길어요
책력의 내용이 그릇되었나 하였더니 개똥불이 흐르고 벌레가 웁니다
긴 밤은 어디서 오고 어디로 가는 줄을 분명히 알았습니다
긴 밤은 근심 바다의 첫 물결에서 나와서 슬픈 음악이 되고
아득한 사막이 되더니 필경 절망의 성 너머로 가서
악마의 웃음 속으로 들어갑니다.

그러나 당신이 오시면 나는 사랑의 칼을 가지고
긴 밤을 베어서 일천 토막을 내겠습니다
당신이 계실 때는 겨울 밤이 짧더니
당신이 가신 뒤는 여름 밤이 길어요.

바느질하는 젊은 여인 / 오귀스트 르누아르 / 1879.

꽃이 먼저 알아

한용운

옛집을 떠나서 다른 시골에 봄을 만났습니다
꿈은 이따금 봄바람을 따라서 아득한 옛터에 이릅니다
지팡이는 푸르고 푸른 풀빛에 묻혀서,
그림자와 서로 따릅니다

길가에서 이름도 모르는 꽃을 보고서,
행여 근심을 잊을까 하고 앉았습니다
꽃송이는 아침 이슬이 아직 마르지 아니한가 하였더니,
아아 나의 눈물이 떨어진 줄이야
꽃이 먼저 알았습니다

꽃이 있는 정물 / 오귀스트 르누아르 / 1912.

사랑

한용운

봄물보다 깊으니라
갈산보다 높으니라

달보다 빛나리라
돌보다 굳으리라

사랑을 묻는이 있거든
이대로만 말하리

초원에서 / 오귀스트 르누아르 / 1888~1892.

하나가 되어 주셔요

한용운

님이여 나의 마음을 가져가려거든
마음을 가진 나에게서 가져가셔요
그리하여 나로 하여금 님에게서 하나가 되게 하셔요.

그렇지 아니하거든
나에게 고통만을 주지 마시고
님의 마음을 다 주셔요
그리고 마음을 가진 님에게서 나에게 주셔요.

그래서 님으로 하여금 나에게 하나가 되게 하셔요
그렇지 아니하거든 나의 마음을 돌려보내 주셔요
그리고 나에게 고통을 주셔요.
그러면 나의 마음을 가지고
님의 주시는 고통을 사랑하겠습니다.

바다 경치 / 오귀스트 르누아르 / 1879.

사랑의 존재

한용운

사랑을 〈사랑〉이라고 하면 벌써 사랑은 아닙니다.
사랑을 이름지을 만한 말이나 글이 어디 있습니까.

미소에 눌려서 괴로운 듯한 장미빛 입술인들
그것을 스칠 수가 있습니까.

눈물의 뒤에 숨어서 슬픔의 흑암면(黑闇面)을 반사 하는
가을 물결의 눈인들 그것을 비칠 수가 있습니까.

그림자 없는 구름을 거쳐서, 메아리 없는 절벽을 거쳐서,
마음이 갈 수 없는 바다를 거쳐서 존재, 존재 입니다.

그 나라는 국경이 없습니다. 수명(壽命)은 시간이 아닙니다.
사랑의 존재는 님의 눈과 님의 마음도 알지 못합니다.

사랑의 비밀은 다만 님의 수건에 수놓은 바늘과 님의 심으
신 꽃나무와 님의 잠과 시인의 상상과 그들만이 압니다.

산책 / 오귀스트 르누아르 / 1870.

사랑하는 까닭

한용운

내가 당신을 사랑하는 것은
까닭이 없는 것이 아닙니다.
다른 사람들은 나의 홍안만을 사랑하지만은
당신은 나의 백발도 사랑하는 까닭입니다.

내가 당신을 그리워하는 것은
까닭이 없는 것은 아닙니다.
다른 사람들은 나의 미소만을 사랑하지만은
당신은 나의 눈물도 사랑하는 까닭입니다.

내가 당신을 기다리는 것은
까닭이 없는 것은 아닙니다.
다른 사람들은 나의 건강만을 사랑하지만은
당신은 나의 죽음도 사랑하는 까닭입니다.

진 사마리의 초상 / 오귀스트 르누아르 / 1877.

고적한 밤

한용운

하늘에는 별이 없고 땅에는 바람이 없습니다.
사람들은 소리가 없고 나는 마음이 없습니다.

우주는 죽음인가요.
인생은 잠인가요.

한 가닥은 눈썹에 걸치고, 한 가닥은 작은 별에 걸쳤던 님 생각의 금실은 살살살 걷힙니다.
한 손에는 황금의 칼을 들고, 다른 한 손으로 천국의 꽃을 꺾던 환상의 여왕도 그림자를 감추었습니다.
아아, 님 생각의 금실과 환상의 여왕이 두 손을 마주잡고, 눈물의 속에서 정사한 줄이야 누가 알아요

우주는 죽음인가요.
인생은 눈물인가요.
인생이 눈물이라면,
죽음은 사랑인가요.

국화 / 오귀스트 르누아르 / 1881~1882.

자유정조

한용운

내가 당신을 기다리고 있는 것은
기다리고자 하는 것이 아니라, 기다려지는 것입니다.
말하자면 당신을 기다리는 것은 정조보다도 사랑입니다.

남들은 나더러 시대에 뒤진 낡은
여성이라고 삐죽거립니다. 구구한 정조를 지킨다고.
그러나 나는 시대성을 이해하지 못하는 것도 아닙니다.
인생과 정조의 심각한 비판을 하여
보기도 한두번이 아닙니다.
자유연애의 신성을 덮어놓고 부정하는 것도 아닙니다.
대자연을 따라서 초연생활을 할 생각도 하여 보았습니다.
그러나 구경, 만사가 다 저의 좋아하는 대로 말한 것이요,
행한 것입니다.
나는 님을 기다리면서 괴로움을 먹고 살이 찝니다.
어려움을 입고 키가 큽니다.
나의 정조는 '자유정조'입니다.

숲 속 / 오귀스트 르누아르 / 1880.

꿈과 근심

한용운

밤 근심이 하도 길기에
꿈도 길 줄 알았더니
님을 보러 가는 길에
반도 못 가서 깨었구나

새벽 꿈이 하도 짧기에
근심도 짧을 줄 알았더니
근심에서 근심으로
끝간 데를 모르겠다

만일 님에게도
꿈과 근심이 있거든
차라리
근심이 꿈 되고 꿈이 근심 되어라

줄리마네의 초상 / 오귀스트 르누아르 / 1894.

떠날 때의 님의 얼굴

한용운

꽃은 떨어지는 향기가 아름답습니다
해는 지는 빛이 곱습니다
노래는 못 마친 가락이 묘합니다
님은 떠날 때의 얼굴이 더욱 어여쁩니다
떠나신 뒤에 나의 환상의 눈에 비치는 님의 얼굴은
눈물이 없는 눈으로 바로 볼 수가 없을 만큼
어여쁠 것입니다
님의 떠날 때의 어여쁜 얼굴을
나의 눈에 새기겠습니다
님의 얼굴은 나를 울리기에는 너무도 야속한 듯
하지만 님을 사랑하기 위하여는
나의 마음을 즐겁게 할 수가 없습니다
만일 그 어여쁜 얼굴이 영원히 나의 눈을 떠난다면
그때의 슬픔은 우는 것보다도 아프겠습니다

여름 / 오귀스트 르누아르 / 1868.

> 복종

한용운

남들은 자유를 사랑한다지마는, 나는 복종을 좋아하여요.
자유를 모르는 것은 아니지만, 당신에게는 복종만 하고 싶어요.
복종하고 싶은데 복종하는 것은 아름다운 자유보다도 달콤합니다. 그것이 나의 행복입니다.

그러나, 당신이 나더러 다른 사람을 복종하라면, 그것만은 복종할 수가 없습니다.
다른 사람을 복종하려면 당신에게 복종할 수 없는 까닭입니다.

자신감 / 오귀스트 르누아르 / 1874.

버리지 아니하면

한용운

나는 잠자리에 누워서 자다가 깨고 깨다가 잘 때에
외로운 등잔불은 충실한 파수꾼처럼 온 밤을 지킵니다.
당신이 나를 버리지 아니하면 나는 일생의 등잔불이 되어서 당신의 백년을 지키겠습니다.

나는 책상 앞에 앉아서 여러 가지 글을 볼 때에 내가 요구하면 글은 좋은 이야기도 하고 맑은 노래도 부르고 엄숙한 교훈도 줍니다.
당신이 나를 버리지 아니하면 나는 복종의 백과전서(百科全書)가 되어서 당신의 요구를 수응하겠습니다.

나는 거울에 대하여 당신의 키스를 기다리는 입술을 볼 때에
속임없는 거울은 내가 웃으면 거울도 웃고 내가 찡그리면 거울도 찡그립니다.
당신이 나를 버리지 아니하면, 나는 마음의 거울이 되어서 당신의 고락을 같이 하겠습니다.

호박이 있는 정물 / 오귀스트 르누아르 / 1905.

나룻배와 행인

한용운

나는 나룻배
당신은 행인

당신은 흙발로 나를 짓밟습니다.
나는 당신을 안고 물을 건너갑니다.
나는 당신을 안으면 깊으나 얕으나
급한 여울이나 건너갑니다.

만일 당신이 아니 오시면 나는 바람을 쐬고 눈비를 맞으며
밤에서 낮까지 당신을 기다리고 있습니다.
단신은 물만 건너면 나를 돌아보지도 않고 가십니다 그려.
그러나 당신이 언제든지 오실 줄만은 알아요.
나는 당신을 기다리면서 날마다 날마다 낡아갑니다.

나는 나룻배
당신은 행인.

차투의 노 젓는 사람 / 오귀스트 르누아르 / 1879.

'사랑'을 사랑하여요

한용운

당신의 얼굴은 봄 하늘의 고요한 별이어요.
그러나 찢어진 구름 사이로 돋아 오는
반달 같은 얼굴이 없는 것이 아닙니다.
만일 어여쁜 얼굴만을 사랑한다면 왜 나의 베갯모에
달을 수놓지 않고 별을 수놓아요.

당신의 마음은 티없는 숫옥이어요. 그러나 곱기도
밝기도 굳기도 보석 같은 마음이 없는 것이 아닙니다.
만일 아름다운 마음만을 사랑한다면 왜 나의 반지를
보석으로 아니하고 옥으로 만들어요.

당신 시는 봄비에 새로 눈트는 금결 같은 버들이어요.
그러나 기름 같은 검은 바다에 피어오르는
백합꽃 같은 시가 없는 것이 아닙니다.
만일 좋은 문장만을 사랑한다면 왜 내가 꽃을 노래하지
않고 버들을 찬미하여요.

온 세상 사람이 나를 사랑하지 아니할 때에 당신만이

나를 사랑하였습니다.
나는 당신을 사랑하여요
나는 당신의 〈사랑〉을 사랑하여요.

검은색 모자를 쓴 어린 소녀 / 오귀스트 르누아르 / 1891.

차라리

한용운

님이여.
오서요.
오시지 아니 하려면 차라리 가서요.
가려다 오고 오려다 가는 것은 나에게 목숨을 빼앗고
죽음도 주지 않는 것입니다.

님이여.
책망하려거든 차라리 큰 소리로 말씀하여 주서요.
침묵으로 책망하지 말고 침묵으로 책망하는 것은
아픈 마음을 얼음 바늘로 찌르는 것입니다.

님이여.
나를 아니 보려거든 차라리 눈을 돌려서 감으서요.
흐르는 곁눈으로 흘겨 보지 마서요.
곁눈으로 흘겨 보는 것은 사랑의 보(褓)에
가시의 선물을 싸서 주는 것입니다.

오달리스크 / 오귀스트 르누아르 / 1870.

님의 침묵

한용운

님은 갔습니다. 아아 사랑하는 나의 님은 갔습니다.
푸른 산빛을 깨치고 단풍나무숲을 향하여 난 작은 길을 걸어서, 차마 떨치고 갔습니다.
황금의 꽃같이 굳고 빛나던 옛 맹세는 차디찬 티끌이 되어서, 한숨의 미풍에 날아갔습니다.
날카로운 첫 키스의 추억은 나의 운명의 지침을 돌려놓고, 뒷걸음쳐서 사라졌습니다.
나는 향기로운 님의 말소리에 귀먹고, 꽃다운 님의 얼굴에 눈멀었습니다.
사랑도 사람의 일이라, 만날 때에 미리 떠날 것을 염려하고 경계하지 아니한 것은 아니지만, 이별은 뜻밖의 일이 되고 놀란 가슴은 새로운 슬픔에 터집니다.
그러나 이별은 쓸데없는 눈물의 원천을 만들고 마는 것은 스스로 사랑을 깨치는 것인 줄 아는 까닭에, 걷잡을 수 없는 슬픔의 힘을 옮겨서 새 희망의 정수박이에 들어부었습니다.
우리는 만날 때에 떠날 것을 염려하는 것과 같이, 떠날 때에 다시 만날 것을 믿습니다.
아아 님은 갔지만은 나는 님을 보내지 아니하였습니다.

제 곡조를 못 이기는 사랑의 노래는 님의 침묵을 휩싸고 돕니다.

피아노 치는 여자 / 오귀스트 르누아르 / 1875~1876.

산촌의 여름 저녁

한용운

산 그림자는 집과 집을 덮고
풀밭에는 이슬 기운이 난다.

질동이를 이고 물깃는 처녀는
걸음걸음 넘치는 물에 귀밑을 적신다.

올감자를 캐어 지고 오는 사람은
서쪽 하늘을 자주 보면서 바쁜 걸음을 친다.

살진 풀에 배부른 송아지는
게을리 누워 일어나지 않는다.

등거리만 입는 아이들은
서로 다투어 나무를 안아들인다.

하나씩 둘씩 들어가는 까마귀는
어디로 가는지 알 수가 없다.

오리 연못/ 오귀스트 르누아르 / 1873.

생의 예술

한용운

모든 결에 쉬어지는 한숨은 봄바람이 되어서,
여윈 얼굴을 비치는
거울에 이슬꽃이 핍니다.
나의 주위에는 화기(和氣)라고는 한숨의
봄바람 밖에는 아무것도 없습니다.

하염없이 흐르는 눈물은 수정이 되어서, 깨끗한
슬픔의 성경(聖境)을 비칩니다.
나는 눈물의 수정이 아니면, 이 세상에 보물이라고는
하나도 없습니다.

한숨의 봄바람과 눈물의 수정은, 떠난 님을 기루어하는
정(情)의 추수입니다.
저리고 쓰린 슬픔은 힘이 되고 열이 되어서,
어린 양과 같은 작은 목숨을 살아 움직이게 합니다.
님이 주시는 한숨과 눈물은 아름다운 생의 예술입니다.

물 뿌리개를 든 소녀 / 오귀스트 르누아르 / 1876.

> 독자에게

한용운

독자여, 나는 시인으로 여러분의 앞에
보이는 것을 부끄러워합니다.
여러분이 나의 시를 읽을 때에,
나는 슬퍼하고 스스로 슬퍼할 줄 압니다.
나는 나의 시를 독자의 자손에게까지
읽히고 싶은 마음은 없습니다.
그 때에는 나의 시를 읽는 것이
늦은 봄의 꽃수풀에 앉아서,
마른 국화를 비벼서 코에 대는 것과
같을지는 모르겠습니다.
밤은 얼마나 되었는지 모르겠습니다.
설악산의 무거운 그림자는 엷어 갑니다.
새벽종을 기다리면서 붓을 던집니다.

꽃 / 오귀스트 르누아르 / 1885.

진주

한용운

언제인지 내가 바닷가에 가서 조개를 주웠지요.
당신은 나의 치마를 걷어 주셨어요, 진흙 묻는다고.
집에 와서는 나를 어린아기 같다고 하셨지요,
조개를 주워다가 장난한다고.
그리고 나가시더니 금강석을 사다 주셨습니다, 당신이.
나는 그때에 조개 속에서 진주를 얻어서
당신의 작은 주머니에 넣어 드렸습니다.
당신이 어디 그 진주를 가지고 계셔요.
잠시라도 왜 남을 빌려 주셔요.

낚시꾼 / 오귀스트 르누아르 / 1874.

인 연 설

한용운

사랑하는 사람 앞에서는 사랑한다는 말을 안 합니다.
아니하는 것이 아니라 못하는 것이 사랑의 진실입니다.
잊어버려야 하겠다는 말은 잊을 수 없다는 말입니다.
정말 잊고싶을 때는 말이 없습니다.

헤어질 때 돌아보지 않는 것은
너무 헤어지기 싫기 때문입니다.
그것은 헤어지는 것이 아니라 같이 있다는 말입니다.
사랑하는 사람 앞에서 웃는 것은
그만큼 행복하다는 말입니다.
떠날 때 울면 잊지 못하는 증거요.
뛰다가 가로등에 기대어 울면
오로지 당신만을 사랑한다는 증거입니다.

함께 영원히 할 수 없음을 슬퍼 말고
잠시라도 함께 있을 수 있음을 기뻐하고
더 좋아 해주지 않음을 노여워 말고
애처롭기까지만 한 사랑을 할 수 있음을 감사하고

주기만 하는 사랑이라 지치지 말고
더 많이 줄 수 없음을 아파하고

남과 함께 즐거워한다고 질투하지 않고
그의 기쁨이라 여겨 함께 기뻐 할 줄 알고
이룰 수 없는 사랑이라 일찍 포기하지 않고
깨끗한 사랑으로 오래 기억할 수 있는
나..... 당신을 그렇게 사랑합니다.

물가 / 오귀스트 르누아르 / 1880년경.

당신은

한용운

당신은 나를 보면 왜 늘 웃기만 하셔요
당신의 찡그리는 얼굴을 좀 보고 싶은데
나는 당신을 보고 찡그리기는 싫어요
당신은 찡그리는 얼굴을
보기 싫어하실 줄을 압니다
그러나 떨어진 도화가 날아서 당신의
입술을 스칠 때에 나는 이마가
찡그려지는 줄도 모르고 울고 싶었습니다
그래서 금실로 수놓은 수건으로
얼굴을 가렸습니다

가브리엘과 장 / 오귀스트 르누아르 / 1895~1896.

길이 막혀

한용운

당신의 얼굴은 달도 아니건만
산 넘고 물 넘어 나의 마음을 바칩니다.

나의 손길은 왜 그리 짧아서
눈앞에 보이는 당신의 가슴을 못 만지나요.

당신이 오기로 못 올 것이 무엇이며
내가 가기로 못 갈 것이 없지마는
산에는 사다리가 없고
물에는 배가 없어요.

뉘라서 사다리를 떼고 배를 깨뜨렸습니까.
나는 보석으로 사다리를 놓고 진주로 배 모아요.
오시려도 길이 막혀 못 오시는 당신을 기다려요.

키 큰 잔디 속의 길 / 오귀스트 르누아르 / 1876~1877.

나의 꿈

한용운

당신이 맑은 새벽에 나무 그늘 사이에서
산보할 때에 나의 꿈은 작은 별이 되어서
당신의 머리 위에 지키고 있겠습니다
당신이 여름날에 더위를 못 이기어
낮잠을 자거든 나의 꿈은 맑은 바람이 되어서
당신의 주위에 떠돌겠습니다
당신이 고요한 가을밤에 그윽히 앉아서
글을 볼 때에 나의 꿈은 귀뚜라미가 되어서
책상 밑에서 「귀뚤귀뚤」 울겠습니다

우산 / 오귀스트 르누아르 / 1881~1886.

알 수 없어요

한용운

바람도 없는 공중에 수직의 파문을 내리며 고요히
떨어지는 오동잎의 누구의 발자취입니까?

지리한 장마 끝에 서풍에 몰려가는 무서운 검은 구름의
터진 틈으로 언뜻언뜻 보이는 푸른 하늘은 누구의
얼굴입니까?

꽃도 없는 깊은 나무에 이끼를 거쳐서 옛 탑위에 고요한
하늘을 스치는 알 수 없는 향기는 누구의 입김입니까?

근원은 알지 못한 곳에서 나서 돌부리를 울리고 가늘게
흐르는 작은 시내는 굽이굽이 누구의 노래입니까?

연꽃 같은 발꿈치로 가이없는 바다를 밟고 옥같은
손으로 끝없는 하늘을 만지면서 떨어지는 해를 곱게
단장하는 저녁놀은 누구의 시입니까?

타고남은 재가 다시 시름이 됩니다

그칠 줄 모르고 타는 나의 가슴은 누구의 밤을 지키는 약한 등불입니까?

의자 나무 / 오귀스트 르누아르 / 1892.

달을 보며

한용운

달은 밝고 당신이 하도 기루었습니다
자던 옷을 고쳐입고 뜰에 나와 퍼지르고 앉아서
달을 한참 보았습니다.

달은 차차차 당신의 얼굴이 되더니 넓은 이마
둥근 코 아름다운 수염이 역력히 보입니다.
간 해에는 당신이 달로 보이더니 오늘 밤에는
달이 당신의 얼굴이 됩니다.

당신의 얼굴이 달이기에 나의 얼굴도 달이 되었습니다.
나의 얼굴은 그믐달이 된 줄을 당신이 아십니까.
아아. 당신의 얼굴이 달이기에
나의 얼굴도 달이 되었습니다.

편지를 들고 있는 여인 / 오귀스트 르누아르 / 19세기경.

당신이 아니더면

한용운

당신이 아니더면 포시럽고 매끄럽던 얼굴에
왜 주름살이 접혀요.
당신이 기룹지만 않다면,
언제까지라도 나는 늙지 아니할 테여요.
맨 처음에 당신에게 안기던
그때대로 있을 테여요.

그러나 늙고 병들고 죽기까지라도,
당신 때문이라면 나는 싫지 않아요.
나에게 생명을 주든지 죽음을 주든지
당신의 뜻대로만 하서요.
나는 곧 당신이어요.

두 자매 / 오귀스트 르누아르 / 1881.

나는 잊고자

한용운

남들은 님을 생각한다지만
나는 님을 잊고자 하여요.

잊고자 할수록 생각하기로
행여 잊을까하고 생각하여 보았습니다.

잊으려면 생각하고
생각하면 잊히지 아니하니,
잊지도 말고 생각도 말아 볼까요.
잊든지 생각하든지 내버려 두어 볼까요.
그러나 그리도 아니 되고
끊임없는 생각생각에 님뿐인데 어찌하여요.

구태여 잊으려면
잊을 수가 없는 것은 아니지만
잠시 죽음뿐이기로
님 두고는 못하여요.

아아, 잊히지 않는 생각보다
잊고자 하는 그것이 더욱 괴롭습니다.

라 그르누예르 / 오귀스트 르누아르 / 1869.

이별은 미美의 창조

한용운

이별은 미美의 창조입니다.
이별의 미는 아침의 바탕質 없는 황금과 밤의
올絲 없는 검은 비단과
죽음 없는 영원의 생명과 시들지 않는 하늘의
푸른 꽃에도 없습니다.
님이여,
이별이 아니면 나는 눈물에서 죽었다가 웃음
에서 다시 살아날 수가 없습니다.
오오, 이별이여.
미는 이별의 창조입니다.

두 소녀 / 오귀스트 르누아르 / 1892.

선사의 설법

한용운

나는 선사의 설법을 들었습니다
"너는 사랑의 쇠사슬에 묶여서 고통을 받지 말고,
사랑의 줄을 끊어라.
그러면 너의 마음이 즐거우리라"고
선사는 큰 소리로 말하였습니다.

그 선사는 어지간히 어리석습니다
사랑의 줄에 묶인 것이 아프기는 아프지만,
사랑의 줄을 끊으면 죽는 것보다
더 아픈 줄을 모르는 말입니다.
사랑의 속박은 단단히 얽어매는 것이 풀어주는 것입니다.
그러므로 대해탈大解脫은 속박에서 얻는 것입니다.
님이여, 나를 얽은 님의 사랑의 줄이 약할까봐서,
나의 님을 사랑하는 줄을 곱들였습니다.

부지발의 무도회 / 오귀스트 르누아르 / 1882~1883.

비바람

한용운

밤에 온 비바람은
구슬 같은 꽃수술을
가엾이도 지쳐 놓았다.

꽃이 피는 대로 핀들
봄이 몇 날이나 되랴마는
비바람은 무슨 마음이냐
아름다운 꽃밭이 아니면
바람 불고 비 올 때가 없더냐.

베니스 산 마르코 광장 / 오귀스트 르누아르 / 1881.

김영랑

> "나는 독을 차고 선선히 가리라.
> 막을 날 내 외로운 혼(魂) 건지기 위하여."

에드가 드가

"사람은 의지와 노력을 통해
특정한 순간에 예술가가 된다."

모란이 피기까지는

김영랑

모란이 피기까지는
나는 아직 나의 봄을 기다리고 있을테요
모란이 뚝뚝 떨어져버린 날
나는 비로소 봄을 여윈 설움에 잠길테요
5월 어느 날, 그 하루 무덥던 날
떨어져 누운 꽃잎마저 시들어 버리고는
천지에 모란은 자취도 없어지고
뻗쳐 오르던 내 보람 서운케 무너졌으니
모란은 지고 말면 그뿐, 내 한 해는 다가고 말아
삼백 예순 날 마냥 섭섭해 웁니다.
모란이 피기까지는
나는 아직 기다리고 있을테요,
찬란한 슬픔의 봄을.

자화상 / 에드가 드가 / 1857~1858.

그 밖에 더 아실 이

김영랑

그 밖에 더 아실 이 안 계시려나
그이의 젖은 옷깃 눈물이라고
빛나는 별 아래 애달픈 입김이
이슬로 맺히고 맺혔음을

압생트 / 에드가 드가 / 1876.

미움이란 말

김영랑

미움이란 말 속에
보기 싫은 아픔
미움이란 말 속에
텅 빈 듯한 뉘우침
그러나 그 말씀 씹히고 씹힐 때
한 꺼풀 넘치어 흐르는 눈물

초록 옷을 입은 무용수들 / 에드가 드가 / 1877~1879.

달

김영랑

사개를 인 고풍의 툇마루에 없는 듯이 앉아
아직 떠오를 기척도 없는 달을 기다립니다.
아무런 생각 없이
아무런 뜻 없이

이제 저 감나무 그림자가
사뿐 한 치씩 옮아오고
아 마루 위에 빛깔의 방석이
보시시 깔리면

나는 내 하나뿐인 외로운 벗
가냘픈 내 그림자와
말없이 몸짓 없이 서로 맞대고 있으려니
이 밤 옮기는 발짓이나 들려옵니다.

두 무용수 / 에드가 드가 / 1873.

바람 따라 가지오고

김영랑

바람 따라 가지오고 멀어지는 물소리
아주 바람같이 쉬는 적도 있었으면
흐름도 가득 찰랑 흐르다가
더러는 그림같이 머물렀다 흘러보지.
밤도 산골 쓸쓸하니 이 한밤 쉬어가지.
어느 뉘 꿈에 든들 소리 없던 못할소냐.

새벽 잠결에 언뜻 들리어
내 무거운 머리 선뜻 씻기우느니.
황금 소반에 구슬이 굴렀다.
오! 그립고 향기로운 소리야.
물아 거기 좀 멈추어라 나는 그윽히
저 창공의 은하만년을 헤아려 보노니.

시골 경마장 / 에드가 드가 / 1872.

함박눈

김영랑

바람이 부는 대로 찾아가오리다.
홀린 듯 기약하신 님이시기에
행여나! 행여나! 귀를 쫑긋이
어리석다 하심은 너무하시구려.

문풍지 설움에 몸이 저리어
내리는 함박눈 가슴 해어져
헛보람! 헛보람! 몰랐지만
날더러 어리석단 너무하시구려.

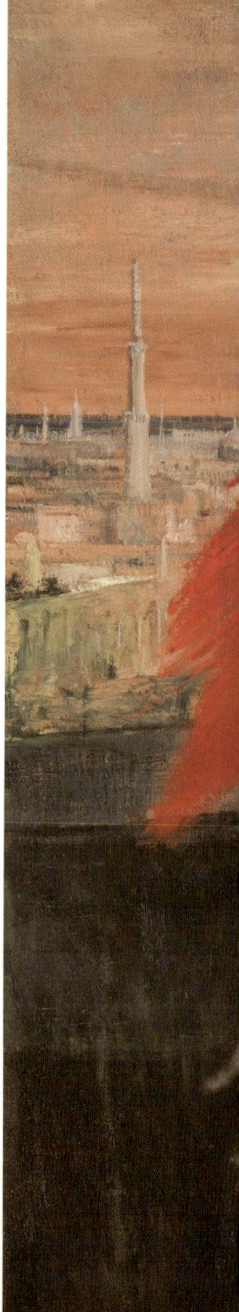

따오기를 안은 아가씨 / 에드가 드가 / 1860~1862.

내 옛날 온 꿈이

김영랑

내 옛날 온 꿈이 모조리 실려 간
하늘과 닿는 데 기쁨이 사시는가.

고요히 사라지는 구름을 바라보자
헛되나 마음 가는 그곳뿐이라.

눈물을 삼키며 기쁨을 찾노란다.
허공은 저리도 한없이 푸르름을

엎드려 눈물로 땅 위에 새기자.
하늘과 닿는 데 기쁨이 사신다.

밀스의 초상화 / 에드가 드가 / 1871.

| 땅거미 |

김영랑

가을날 땅거미 아렴풋한 흐름 위를
고요히 실리다 언뜻 스러지는 것
잊은 봄 보랏빛의 낡은 내음이뇨.
임의 사라진 천리 밖의 산울림
오랜 세월 시달린 으스름한 파스텔

애달픈 듯한
좀 서러운 듯한
오! 모두 다 못 돌아오는
먼 지난날의 놓친 마음

스페인 출신 테너 로렌조 파간과
화가의 아버지 오귀스트 드가 / 에드가 드가 / 1871.

달맞이

김영랑

빛깔 환히
동창에 떠오름을 기다리시는가?
아흐레 어린 달이
부름도 없이 홀로 났네.

월출동령月出東嶺!
팔도 사람 다 맞이하소서.
기척 없이 따르는 마음
그대나 홀로이 싸안아 주시오.

분홍색과 초록색의 무용수들 / 에드가 드가 / 1885~1895.

그대는 호령도 하실 만하다

김영랑

넓은 바다에 잠방거리는 흰 물새더냐.
그대는 탈도 없이 태연스럽구나.

마을을 휩쓸고 목숨을 앗아간
간밤 풍랑도 가소롭구나.

아침 햇빛에 돛 높이 달고
청산아 보아라 떠나가는 배를

바람은 차고 물결은 치고
그대는 호령도 하실 만하다.

벨렐리 가족 / 에드가 드가 / 1858~1867.

황홀한 달빛

김영랑

황홀한 달빛
바다는 은(銀)장
천지는 꿈인 양
이리도 고요하다.

부르면 내려올 듯
정든 달은
맑고 은은한 노래
울려날 듯

저 은장 위에
떨어진다 한들
달이야 설마
깨어질라고.

떨어져 보라.
저 달아, 어서
떨어져라.
그 혼란스러움
아름다운 천둥 지둥

호젓한 삼경
산 위에 홀로이
꿈꾸는 바다를
깨울 수는 없다.

무대 위의 두 무용수 / 에드가 드가 / 1874.

강선대 돌바늘 끝에

김영랑

텅 빈 듯한 인간 하나
그는 벌써
불타오르는 호수에 뛰어내려서
제 몸 아꼈더라면 좋았을 인간

이제 몇 해인가
그 황홀 만나도 이 몸 선뜻 못 내던지고
그 찬란 보고도 노래는 영영 못 부른 채
젖어드는 물결과 싸우다 넘기고
시달린 마음이라 더러 눈물까지 맺혔네.

강선대 돌바늘 끝에 벌써
불살랐어야 좋았을 인간

페르난도 서커스의 미스 랄라 / 에드가 드가 / 1879.

낮의 소란 소리

김영랑

거나한 낮의 소란 소리 풍겼는데
금새 퇴락하는 양
묵은 벽지의 내음 그윽하고
저쯤 예사 걸려 있을 희멀끔한 달
한 자락 펴진 구름도 못 말아 놓는 바람이어니.
묵직하게 옮겨 딛는 밤의 검은 발짓만
고뇌인 넋을 짓밟는구나.
아! 몇 날을, 더 몇 날을
뛰어 본 다리 날아 본 다리
허전한 풍경을 안고 고요히 선다.

발레 수업 / 에드가 드가 / 1873~1876.

눈물에 실려 가면

김영랑

눈물에 실려 가면 산길로 칠십 리
돌아보니 찬바람 무덤에 몰리네.
서울이 천리보다 멀기도 하련만
눈물에 실려 가면 한 걸음 한 걸음

배 바닥 위에 부은 발 쉬일까 보다.
달빛으로 눈물을 말릴까 보다.
고요한 바다 위로 노래가 떠 간다.
설움도 부끄러워 노래가 노래가

꽃화분 옆에 앉아있는 여인 / 에드가 드가 / 1865.

뉘 눈결에 쏘이었소

김영랑

뉘 눈결에 쏘이었소.
온통 수줍어진 저 하늘빛
담 안에 복숭아꽃이 붉고
밖에 봄은 벌써 재앙처럼 찾아왔소.

꾀꼬리 단두리 단두리로다.
빈 골짜기도 부끄러워
혼란스런 노래로 흰구름 피어오르니
그 속에 든 꿈이 더 재앙같소.

대기 / 에드가 드가 / 1880~1882.

마당 앞 맑은 새암을

김영랑

마당 앞
맑은 새암을 들여다본다.

저 깊은 땅 밑에
사로잡힌 넋 있어
언제나 먼 하늘만
내려다보고 계심 같아

별이 총총한
맑은 새암을 들여다본다.

                저 깊은 땅속에
                편히 누운 넋 있어
                이 밤 그 눈 반짝이고
                그의 겉몸 부르심 같아.

                마당 앞
                맑은 새암은 내 영혼의 얼굴

회색의 여인 초상화 / 에드가 드가 / 1860~1870.

제야

김영랑

늦은 밤 촛불이 찌르르 녹아버린다.
못 견디게 무거운 어느 별이 떨어지는가?

어둑한 골목 골목에 수심은 떴다 가라앉았다.
늦은 밤 이 한밤이 모질기도 하온가.

희끄무레한 종이등불 수줍은 걸음걸이
샘줄 정히 떠붓는 안쓰러운 마음결

한해라 그리운 정을 묻고 쌓아 흰 그릇에
그대는 이 밤이라 맑으라 비나이다.

무대에서 발레 리허설 / 에드가 드가 / 1874.

한줌 흙

김영랑

본시 평탄했을 마음이 아닙니다.
굳이 톱질하여 산산이 찢어 놓았습니다.

풍경이 눈을 흘리지 못하고
사랑이 생각을 흐리지 못합니다.

지쳐서 원망도 않고 삽니다.

대체 내 노래는 어디로 갔을까요.
가장 거룩한 것 이 눈물만

                아신 마음 끝내 못 빼앗고
                주린 마음 가득 못 배불리고

                어차피 몸도 피곤해졌습니다.
                바삐 관에 못을 다지지요.

                아무려나 한 줌 흙이 되는군요.

발레 연습 / 에드가 드가 / 1873.

| 북 |

김영랑

자네 소리하게 내 북을 잡지.
진양조 중모리 중중모리
엇모리 자진모리 휘몰아 보아
이렇게 숨결이 꼭 맞아서만 이룬 일이란
인생에 흔치 않어 어려운 일 시원한 일

소리를 떠나서야 북은 오직 가죽일 뿐
헛 때리면 만갑이도 숨을 고쳐 쉴밖에
장난을 친다는 말이 모자라오.
이중창을 살리는 반주쯤은 지나고
북은 오히려 지휘자요.

떠받는 명고(名鼓)인데 잔가락을 온통 잊으오.
떡 궁! 동중정(動中靜)이오 소란 속에 고요함 있어.
인생이 가을같이 익어 가오.
자네 소리하게 내 북을 치지.

파리 오페라의 오케스트라 / 에드가 드가 / 1869.

언 땅 한길

김영랑

언 땅 한길 파도 파도
광이는 아프게 미치더군요.
언대로 묻어 두기엔 불쌍하여
봄 틔어 녹으면 울며 보채리다.

두자 세치를 눈이 덮여도
뿌리는 얼씬 못 건드려
대 죽고 난 이 3월 파르스름히
풀잎은 깔리네 깔리네요.

여성복 상점 / 에드가 드가 / 1879~1886.

발짓

김영랑

기운찬 낮의 소란소리 풍겼는데 금새 퇴락하는 양
묵은 벽지의 내음 그윽하고
저쯤에서 걸려 있을 희멀끔한 달
한자락 펴진 구름도 못 말어놓은 바람이어니
포근히 옮겨 딛는 밤의 검은 발짓만 고된
넋을 짓밟는다
아! 몇날을 더 몇날을
뛰어본다리 날아본다리
허잔한 풍경을 안고 고요히 선다.

바에서 연습하는 무용수들 / 에드가 드가 / 1877.

돌담에 속삭이는 햇발

김영랑

돌담에 속삭이는 햇발같이
풀 아래 웃음 짓는 샘물같이
내 마음 고요히 고운 봄 길 위에
오늘 하루 하늘을 우러르고 싶다

      새색시 볼에 떠오는 부끄럼같이
      시의 가슴 살포시 젖는 물결같이
      보드러운 에메랄드 얇게 흐르는
      실비단 하늘을 바라보고 싶다.

목욕통 / 에드가 드가 / 1886.

언덕에 바로 누워

김영랑

언덕에 바로 누워
아찔한 푸른 하늘 뜻없이 바라보다가
나는 잊었습니다 눈물 도는 노래를
그 하늘 아찔하여 너무도 아찔하여

이 몸이 서러운 줄 언덕이야 아시련만
마음의 가는 웃음 한때라도 없을까요
아찔한 하늘 아래 귀여운 맘 질기운 맘
내 눈은 감기었네 감기었네.

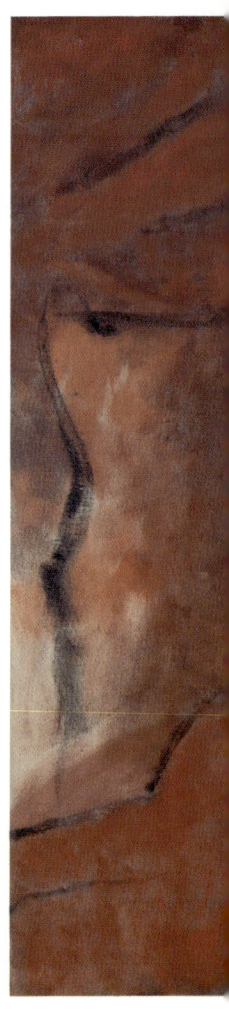

머리 빗질 / 에드가 드가 / 1895.

끝없는 강물이 흐르네

김영랑

내 마음의 어디인 듯 한 편에 끝없는
강물이 흐르네.

돋쳐 오르는 아침날 빛이 빤질거리는
은결을 도도네.

가슴엔 듯 눈엔 듯 또 핏줄엔 듯
마음이 도란도란 숨어 있는 곳

내 마음의 어딘 듯 한 편에 끝없는
강물이 흐르네.

오페라의 댄스홀 / 에드가 드가 / 1872.

물 보면 흐르고

김영랑

물 보면 흐르고
별 보면 또렷한
마음이 어찌하면 늙겠는가

기쁜 날에 한숨만
끝없이 떠돌던
시절이 가엾고 멀어라

안쓰러운 눈물에 안겨
흩어진 잎 쌓인 곳에 빗방울 듣듯
느낌은 후줄근히 흘러 흘러 가건만

그 밤을 홀로이 앉으면
무심코 야윈 볼도 만져보느니
시들고 못 피인 꽃 어시 떨어지거라

목욕 후에 몸을 말리는 여인 / 에드가 드가 / 1892.

오월

김영랑

들길은 마을에 들자 붉어지고
마을 골목은 들로 내려서자 푸르러진다.
바람은 넘실 천(千) 이랑 만(萬) 이랑
이랑 이랑 햇빛이 갈라지고
보리도 허리통이 부끄럽게 드러났다.
꾀꼬리는 여태까지 혼자 날아볼 줄 모르나니
암컷이라 쫓길 뿐
수놈이라 쫓을 뿐
황금빛 난 길이 어지러울 뿐.
옅은 단장하고 아양 가득 차 있는
산봉우리야, 오늘 밤 너 어디로 가 버리련?

무대 위 발레 리허설 / 에드가 드가 / 1874.

독을 차고

김영랑

내 가슴에 독을 찬 지 오래로다.
아직 아무도 해한 일 없는 새로 뽑은 독
벗은 그 무서운 독 그만 흩어버리라 한다.
나는 그 독이 선뜻 벗도 해할지 모른다 위협하고,

독 안 차고 살아도 머지않아 너 나 마주 가버리면
억만 세대가 그 뒤로 잠자코 흘러가고
나중에 땅덩이 모자라서 모래알이 될 것임을
'허무한데!' 독은 차서 무엇하느냐고?

아! 세상에 태어났음을 원망하지 않고 보낸
어느 하루가 있었던가, '허무한데!' 허나
앞뒤로 덤비는 이리 승냥이 바야흐로 내 마음을 노리니
내 산 채로 짐승의 밥이 되어 찢기우고
할퀴우랴 내맡긴 신세임을

나는 독을 차고 선선히 가리라
막음 날 내 외로운 혼 건지기 위하여.

발레 무용수들 / 에드가 드가 / 1877.

물소리

김영랑

바람따라 가지오고 멀어지는 물소리
아주 바람같이 쉬는 적도 있었으면
흐름도 가득 찰랑 흐르다가
더러는 그림같이 머물렀다 흘러보지
밤도 산골 쓸쓸하이
이 한밤 쉬어가지
어느 뉘 꿈에 든 셈 소리 없든 못할소냐
새벽 잠결에 언뜻 들리어
내 무건 머리 선뜻 씻기우니
황금소반에 구슬이 굴렀다
오 그립고 향미론 소리야
물아 거기 좀 멈췄으라
나는 그윽히 저 창공의 은하만년銀河萬年을
헤아려보노니

카드를 쥐고 있는 카사트양의 초상 / 에드가 드가 / 1880~1884.

내 마음 아실 이

김영랑

내 마음을 아실 이
내 혼자 마음 날같이 아실 이
그래도 어디나 계실 것이면,

내 마음은 때때로 어리는 티끌과
속임 없는 눈물의 간곡한 방울방울,
푸른 밤 고이 맺는 이슬 같은 보람을
보배인 듯 감추었다 내어 드리지.

아! 그립다.
내 혼자 마음 날 같이 아실 이
꿈에나 아득히 보이는가.

향 맑은 옥돌에 불이 달아
사랑은 타기도 하오련만
불빛에 연긴 듯 희미한 마음은
사랑도 모르리, 내 혼자 마음은.

뉴올리언스의 목화 거래소 / 에드가 드가 / 1873.

강물

김영랑

잠자리 서러워서 일어났소
꿈이 곱지 못해 눈을 떴소

베개에 차갑게 눈물은 젖었는데
흐르다 못해 한 방울 애처롭게 고이었소

꿈에 본 강물이 몹시 보고 싶었소
무럭무럭 김 오르며 내리는 강물

언덕을 혼자서 거니노라니
물오리 갈매기도 끼륵끼륵

강물은 철철 흘러가면서
고마운 그 꿈도 떠 실고 갔소

꿈이 아닌 생시 가진 설움도
자꾸 강물은 떠 실고 갔소.

무용 수업 / 에드가 드가 / 1897.

거문고

김영랑

검은 벽에 기대선 채로 해가 스무 번 바뀌었는데
내 기린(麒麟)은 영영 울지를 못한다
그 가슴을 퉁 흔들고 간 노인의 손
지금 어느 끝없는 향연에 높이 앉았으려니
땅 위의 외로운 기린이야 차마 잊혀졌을까
바깥은 거친 들 이리떼만 몰려다니고
사람인 양 꾸민 잔나비떼들 쏘다니어
내 기린은 맘둘 곳 몸둘 곳 없어지다
문 아주 굳이 닫고 벽에 기대선 채
해가 또 한번 바뀌거늘
이 밤에도 내 기린은 맘 놓고 울지를 못한다

밀리너 가에 / 에드가 드가 / 1881.